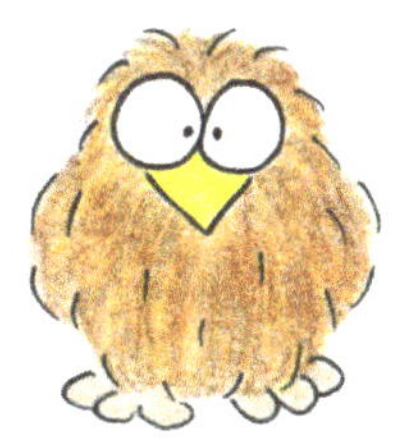

PONLE COLOR A TU VIDA CON

NIKI OWL

UN LIBRO DE CREATIVIDAD
PARA QUE TUS SUEÑOS TOMEN VUELO
Y SIGAS TU NORTE

ESCRITO E ILUSTRADO POR
KARIN PINTER

Publicado por Karin Pinter / Niki Owl Books.

Ponle Color a Tu Vida con Niki Owl - Un Libro de Creatividad Para Que tus Sueños Tomen Vuelo y Sigas tu Norte.

ISBN 978-0-9964416-0-5
Texto, Ilustraciones, Maquetación y Diseño: Karin Pinter.

Impreso en papel libre de ácido en la región geográfica más cercana a ti.

PARA EL NIÑO QUE HAY EN TI, QUE ENTIENDE QUE LA VIDA ES UNA GRAN AVENTURA

Y para Papá, la primera persona que me inspiró a explorar el mundo y vivir Grandes Aventuras.

Todo se imagina primero, y luego se crea...

Cada gran figura exploradora, inventora e innovadora tomó un salto de fe en su momento. No sabían exactamente qué sucedería al embarcarse en sus emprendimientos, pero lo hicieron de todos modos, y fue a través de su coraje e inspiración que se hicieron muchos descubrimientos.

Cada día damos saltos de fe simplemente adentrándonos en el mundo. Aunque si no alimentamos las cosas que nos iluminan el corazón, nos podemos perder en el ajetreo de la vida, olvidando usar nuestra creatividad e imaginación. Como resultado, dejamos de crear con la vida y simplemente reaccionamos a ella. Así, la vida puede estancarse, mientras los sueños se convierten en visiones lejanas que vamos sintiendo fuera de nuestro alcance. Es cierto tanto si eres adolescente como si estás en plena carrera y vida familiar.

Este libro está diseñado para ayudarte a enfocar tu mente en cosas que te iluminan e integrarlas en tu día a día. Es un portal hacia tu imaginación. Un espacio creativo para que nazcan los sueños que llevas dentro de tu corazón y que están deseando dar el salto a este mundo, porque todos los sueños son importantes, ¡los tuyos incluidos!

Tu niño interior sabe cuáles son esos sueños y siempre está ahí, susurrándote ideas y guiándote para que juegues y vayas co-creando con la vida.

En este viaje, te acompañará nuestro copiloto aventurero en la creación, Niki Owl, un búho simpático que apoyará y alentará tu sabiduría interior.

Tal vez no hayas dibujado o coloreado desde hace tiempo, o pienses que no puedes dibujar. No dejes que eso te pare. Deja que tu imaginación y guía interior te sorprendan. ¡La vida está llena de maravillas si prestamos atención!

Escucha los susurros de tu corazón,
Karin

CÓMO UTILIZAR ESTE LIBRO...

Tu mejor experiencia con este libro será usando lápices de colores y tu bolígrafo o lápiz favorito para escribir.

Las páginas están diseñadas para ir desarrollando los temas centrales, por lo que te sugiero que completes las páginas de Sueños (4 y 5) primero y continúes desde allí. ¡Ve al ritmo de tu inspiración!

A medida que tus pensamientos y claridad empiecen a fluir, puedes regresar a las páginas anteriores y añadir a lo que escribiste o dibujaste anteriormente.

Rellena los espacios en blanco con lo que te vaya saliendo a medida que vayas avanzando con el libro e inspirándote. Este es tu espacio creativo personal, así que haz con él lo que quieras!

PARA QUE SEPAS...

Las ilustraciones de este libro son de un lugar muy especial en Canadá donde realicé uno de mis mayores saltos de fe y donde "nació" la primera novela de Niki Owl: la ciudad de Vancouver. Al final de este libro encontrarás una lista de los distintos sitios emblemáticos por si te intersa saber más o incluso visitarlos.

ANTES DE COMENZAR, CONOCE A TU COPILOTO

NIKI OWL

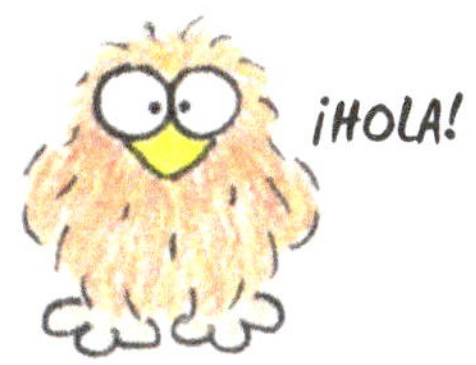

A NIKI LE ENCANTA VIAJAR, EXPLORAR DIFERENTES CULTURAS, CUIDAR LA NATURALEZA Y SUS SEMEJANTES, COMER GALLETAS Y PLASMAR UNA SONRISA EN LOS CORAZONES DE LAS PERSONAS. TAMBIÉN LE ENCANTAN LOS ABRAZOS Y EL SOL (AUNQUE UNA CHIMENEA ACOGEDORA EN UN DÍA LLUVIOSO TAMBIÉN ES MARAVILLOSA).

Y PIENSA QUE ERES REALMENTE GENIAL.

PD:

¡Me encantaría ver lo que creas! Si te animas a compartir, sácale fotos a lo que vayas haciendo en el libro y publícalas (al final del libro tienes los enlaces a las redes sociales de Niki Owl). También puedes enviar un correo electrónico a hello@NikiOwl.com para comentar sobre lo que el libro te esté ayudando a crear en tu vida.

HAY SUEÑOS QUE VIVEN EN NUESTROS CORAZONES,
Y **SUEÑOS QUE COBRAN VIDA ...**
LA DIFERENCIA ENTRE ELLOS ES

UN SALTO DE FE

(¡Y LAS ACCIONES PARA HACERLAS REALIDAD!)

¿EMPEZAMOS A CREAR TUS SUEÑOS?

DECLARACIÓN DE CREATIVIDAD E IMAGINACIÓN

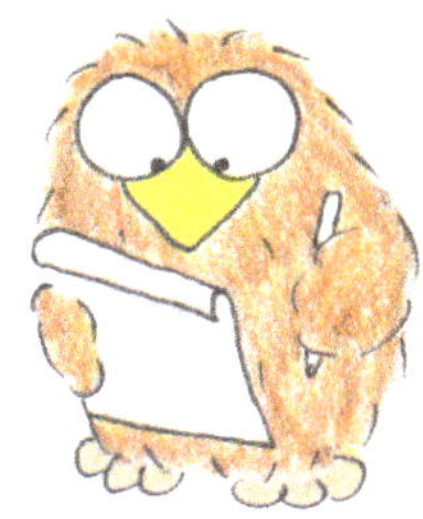

ME DOY PERMISO PARA DAR UN SALTO DE FE HACIA MIS SUEÑOS, ALIMENTANDO MI IMAGINACIÓN, EXPLORANDO MI CREATIVIDAD Y SIGUIENDO MI NORTE VERDADERO

FIRMADO: ______________________

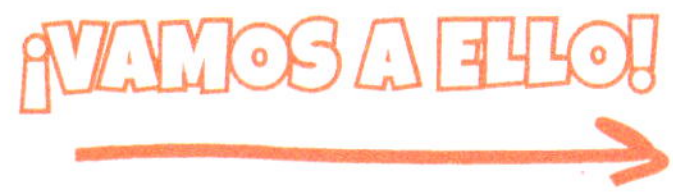

UN DATO DIVERTIDO PARA TU ESPÍRITU EXPLORADOR

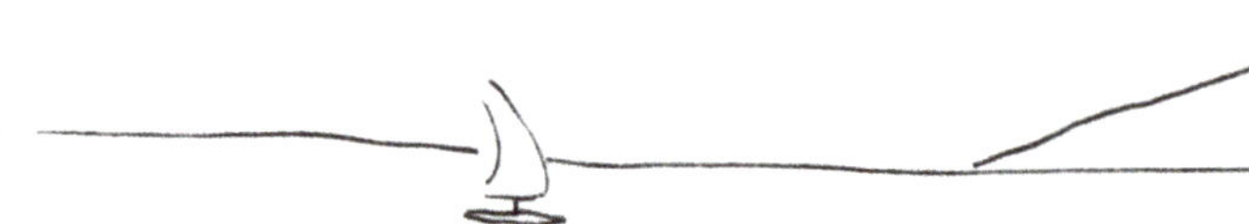

En la portada de este libro, Niki está en lo alto de un montículo de piedras llamado Inukshuk. Los suelen utilizar los Inuit* como puntos de referencia o marcadores para las rutas de viaje, entre otras cosas.

UNO DE LOS TRADICIONALES SIGNIFICADOS DEL INUKSHUK ES:

"ESTÁS EN EL CAMINO CORRECTO"

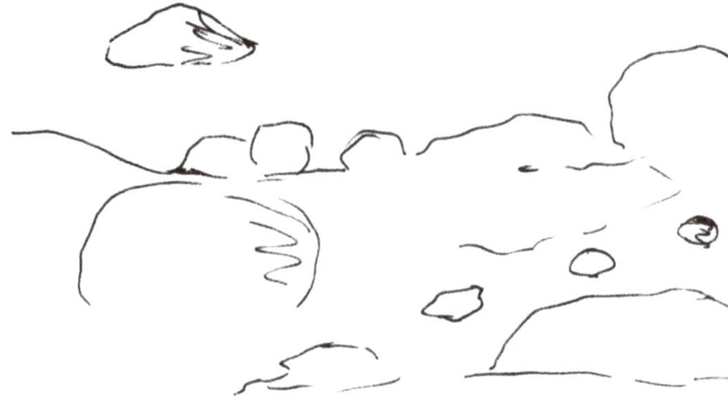

VAMOS A EXPLORAR LO QUE SIGNIFICA ESTO PARA TI Y TUS SUEÑOS...

* Los Inuit son pueblos indígenas de culturas similares que habitan en las regiones árticas de Canadá, Groenlandia, Siberia y Alaska. Tienen una rica conexión con la naturaleza.

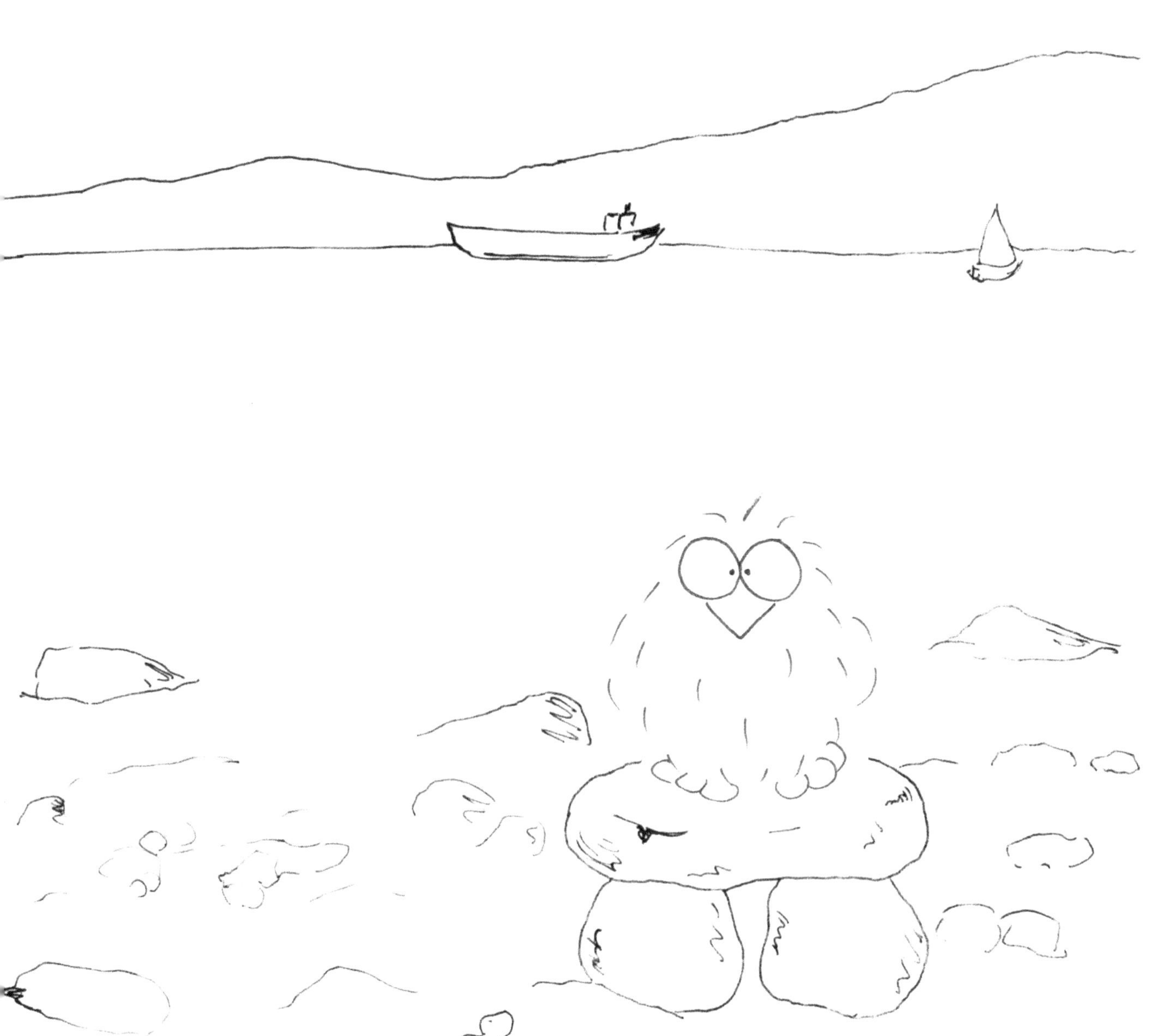

VAMOS A EMPEZAR CON TUS SUEÑOS

¿QUÉ TE HACE SENTIR CURIOSIDAD POR LEVANTARTE CADA DÍA PARA EXPLORAR ESTE HERMOSO MUNDO?

ESCRIBE TUS SUEÑOS AQUÍ

↓

¿TIENES MÁS SUEÑOS? ¡VE RELLENANDO ESTA PÁGINA CON ELLOS!

PIENSA EN COSAS QUE TE ENCANTARÍA VIVIR, CREAR, LUGARES PARA VISITAR, IDEAS QUE TIENES...

¡GENIAL! AHORA HABLEMOS DE AMOR... ¿QUÉ TE HACE AMAR TU VIDA?

Piensa en las experiencias, los lugares, las personas y las relaciones que valoras, las cosas que aportan calidad a tu vida y te hacen sentir bien.

ESCRÍBELAS & DIBÚJALAS AQUÍ

¿TIENES AL AMOR SINTONIZADO EN TU VIDA?

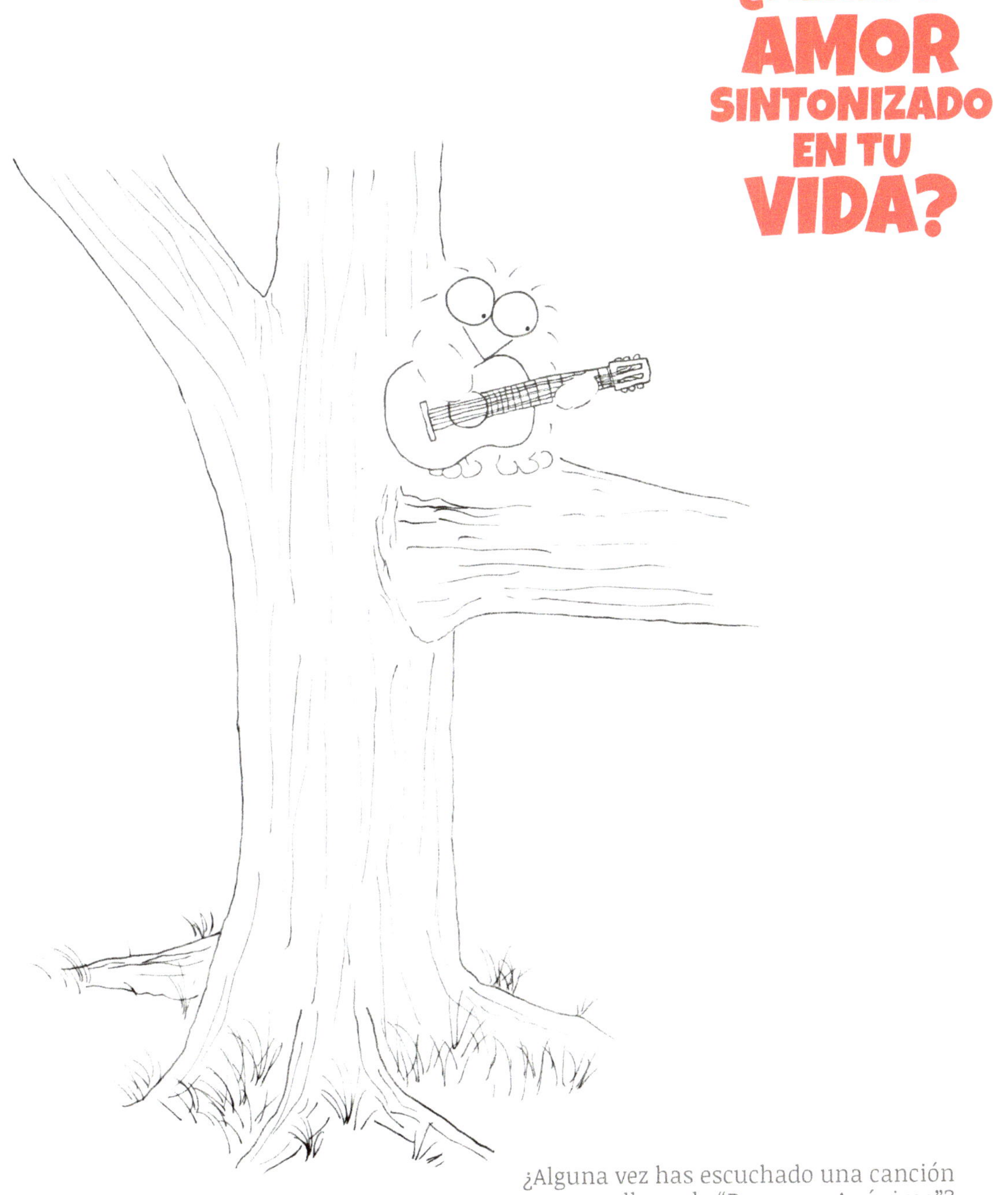

¿Alguna vez has escuchado una canción llamada “Romance Anónimo”? Niki la está tocando en su guitarra.

AHORA HABLEMOS DE ALEGRÍA... TAMBIÉN CONOCIDA COMO TU "LUGAR FELIZ"

¿QUÉ TE ILUMINA?

Es fácil quedarse atrapado haciendo felices a los demás, pero ¿qué hay de crear tiempo para tu alegría personal? ¿Inviertes tiempo y energía en actividades que te sintonizan con tu esencia personal? Por ejemplo, cantar, escribir, dibujar, pintar, tocar un instrumento, jugar a la pelota, pasear, estar en un bosque o en la playa...

ESCRÍBELAS Y DIBÚJALAS AQUÍ

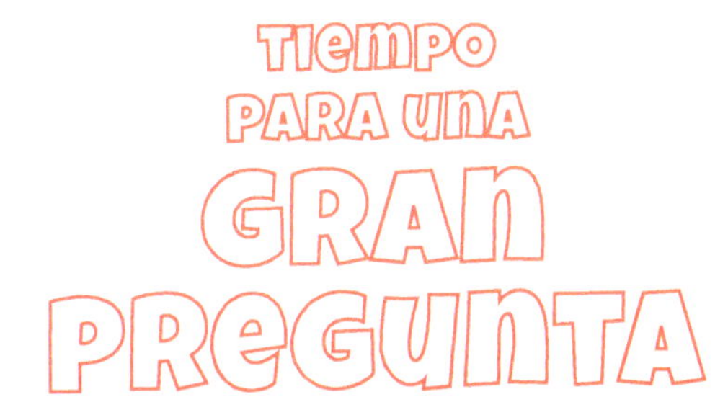

¿PASAS TIEMPO EN TU LUGAR FELIZ CADA DÍA?

Si es así, ¡enhorabuena! Si no, imagina cómo será tu vida cuando sí lo estés...

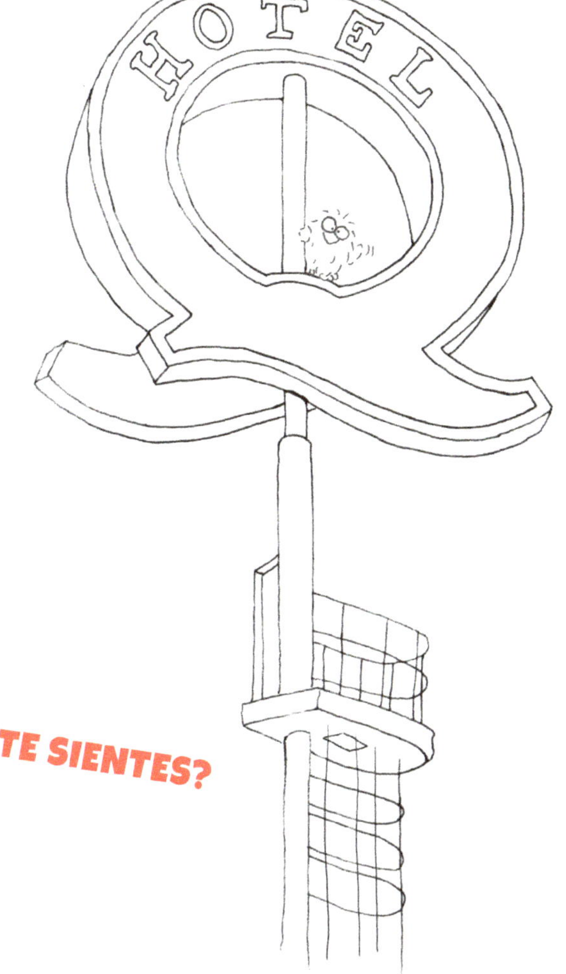

¿QUÉ CAMBIA?

¿CÓMO TE SIENTES?

¿CÓMO ESTÁS VIVIENDO?

AHORA IMAGINA...

TU MUNDO LLENO DE POSIBILIDADES LISTAS PARA SER DESCUBIERTAS

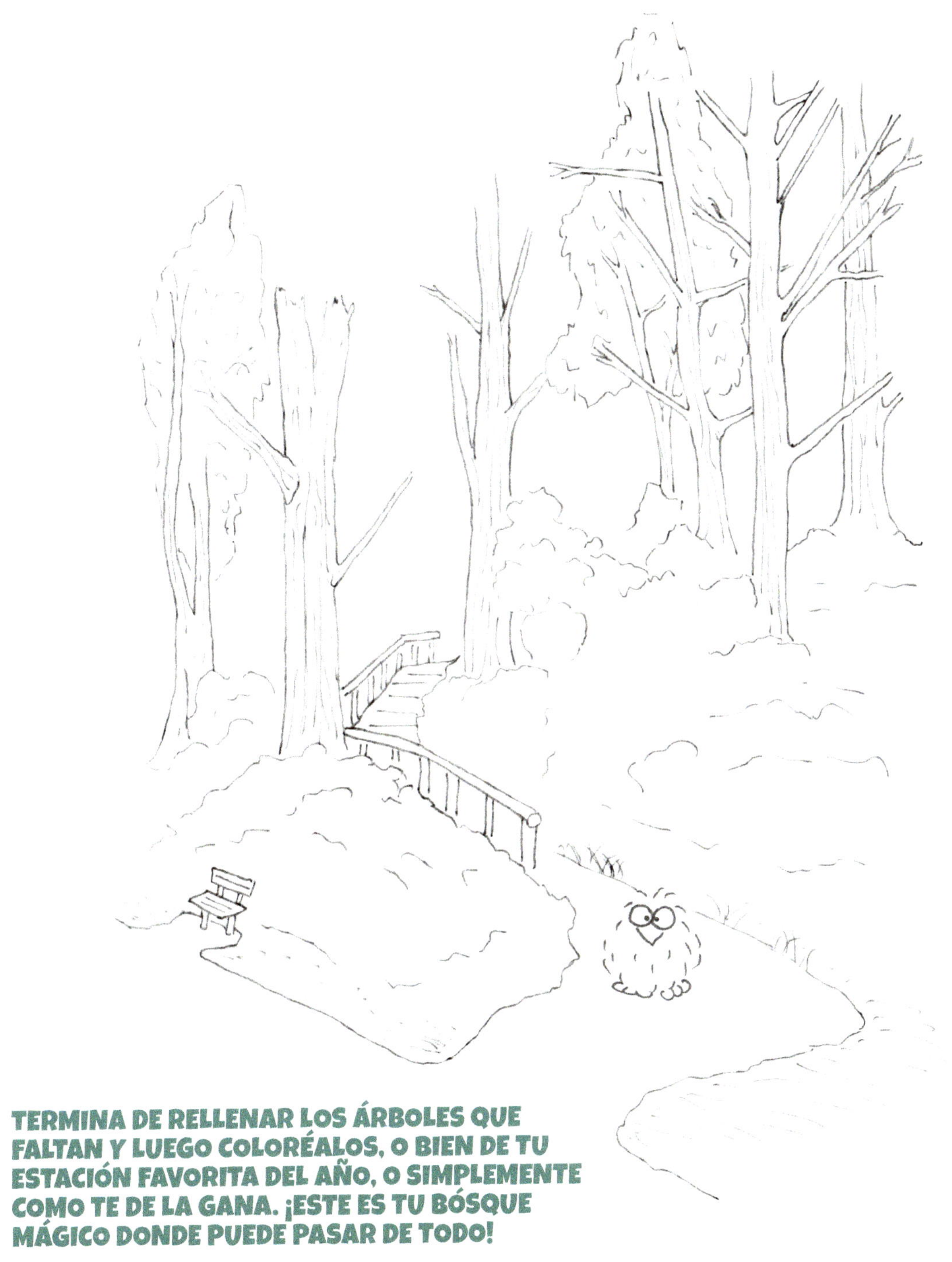

TERMINA DE RELLENAR LOS ÁRBOLES QUE FALTAN Y LUEGO COLORÉALOS, O BIEN DE TU ESTACIÓN FAVORITA DEL AÑO, O SIMPLEMENTE COMO TE DE LA GANA. ¡ESTE ES TU BÓSQUE MÁGICO DONDE PUEDE PASAR DE TODO!

DONDE CRUZAS EL PUENTE CON VALENTÍA Y LO DESCONOCIDO SE CONVIERTE EN **CONOCIDO...**

¡DONDE LA **AVENTURA** ES UN SALTO DE **MARAVILLA** UNO TRAS OTRO!

La siguiente página puede parecer ser sólamente un dibujo de un puente en medio de un bosque. Pero para muchas personas, cruzar un puente simboliza superar sus miedos. →

¿QUÉ HAY AL OTRO LADO DE ESTE PUENTE PARA TI?

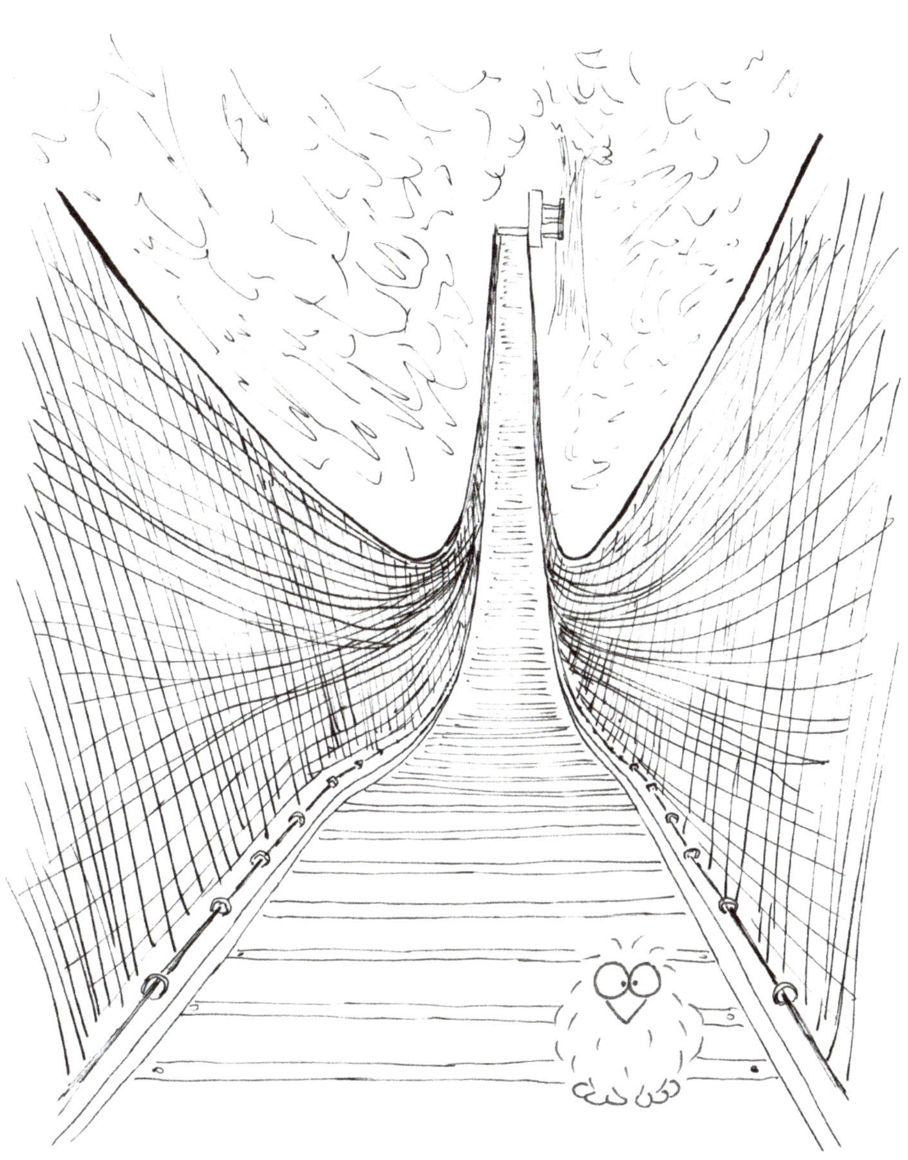

ESTE TIPO DE

CURIOSIDAD

LLEVA A LA

CREACIÓN

Y TE AYUDA A

MARAVILLARTE

DE CÓMO FUNCIONA NUESTRO

UNIVERSO

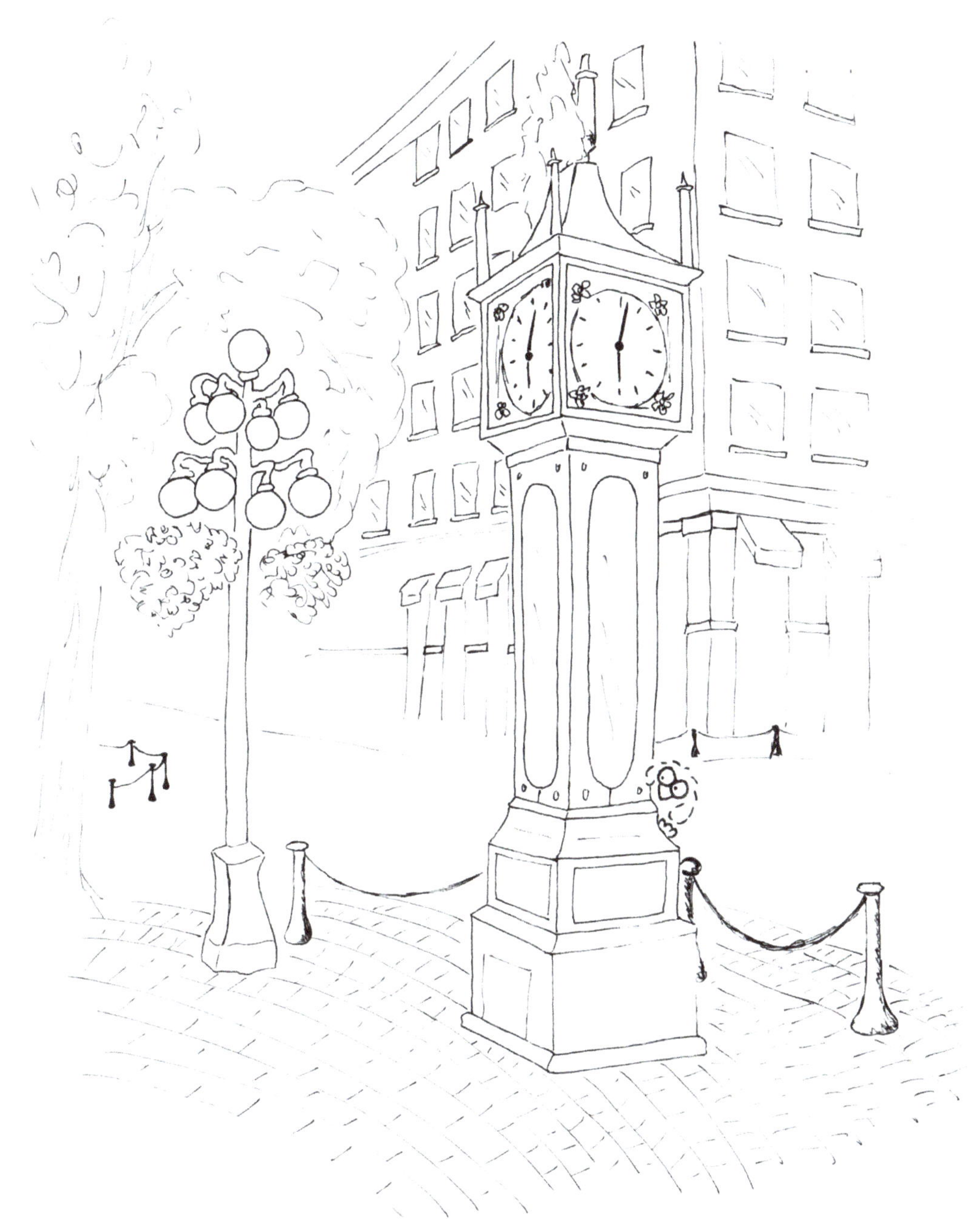

AH, Y EN CASO DE QUE TE LO PREGUNTES...
(PORQUE A VECES NOS PODEMOS SENTIR MUY SOLOS)

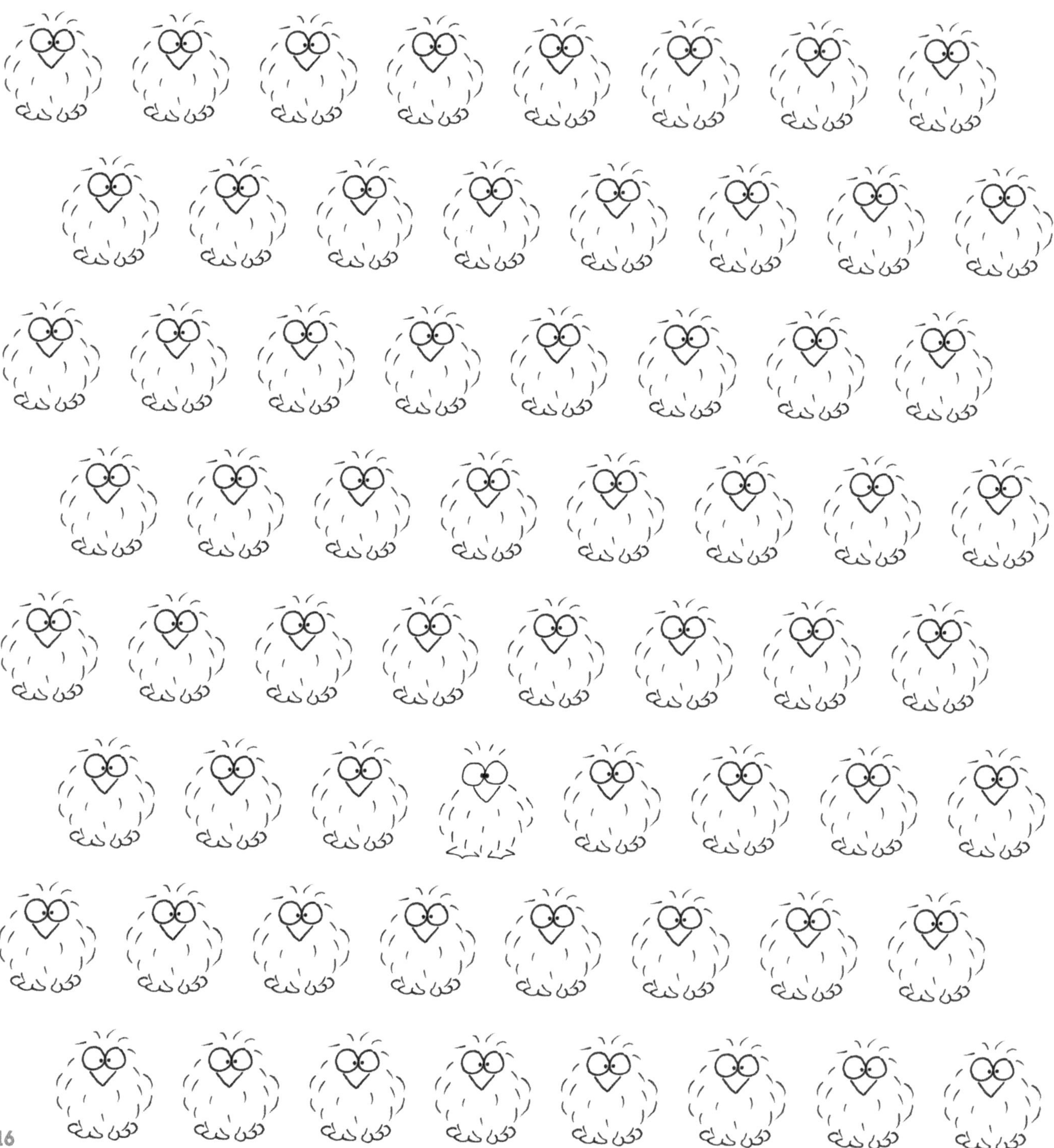

HAY SITIO PARA TI ENTRE TODOS NOSOTROS

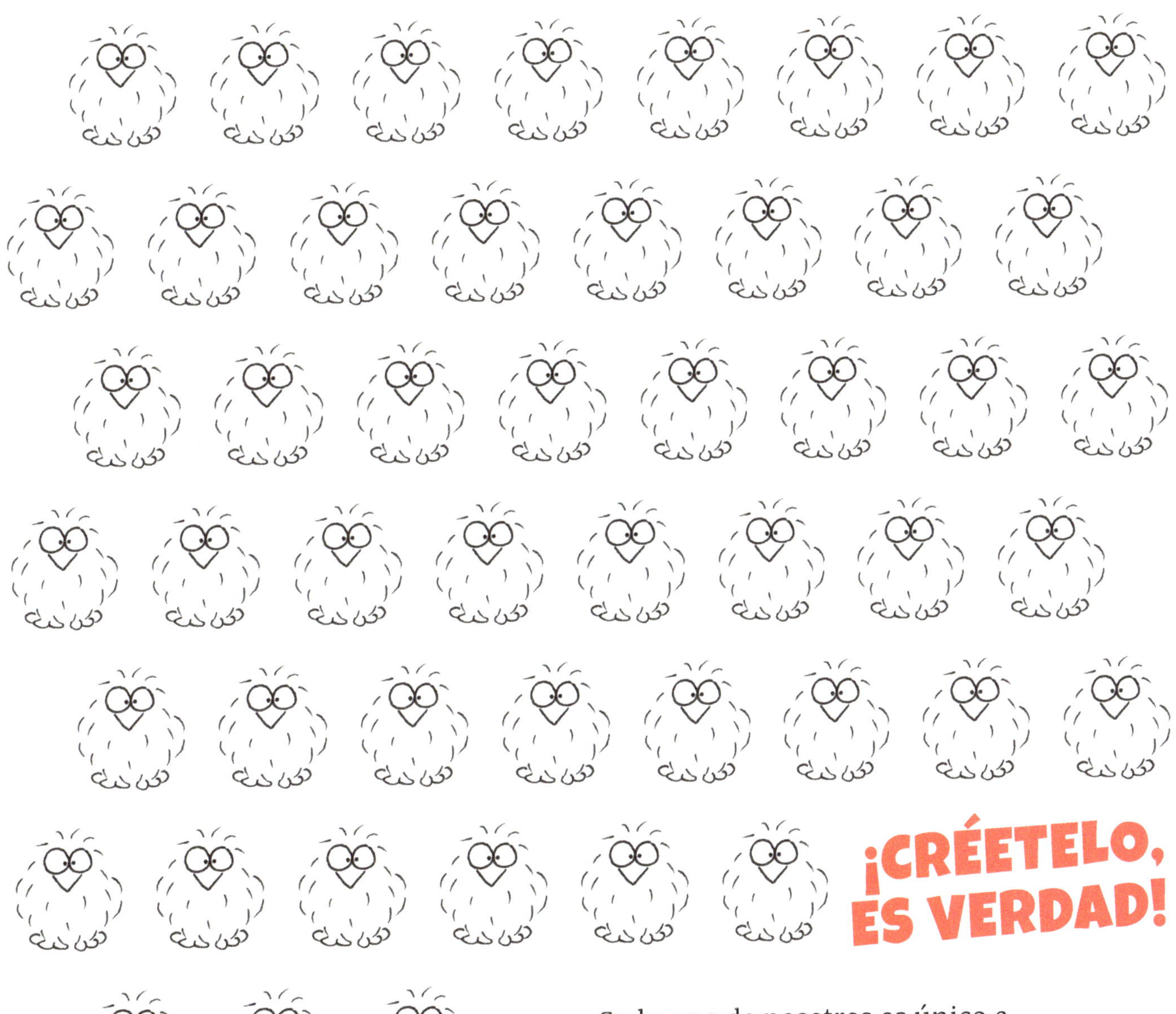

¡CRÉETELO, ES VERDAD!

Cada uno de nosotros es único e importante porque entre todos aportamos a la fascinante diversidad de la vida...

NOS SOLEMOS SENTIR MEJOR CUANDO OTROS NOS ELEVAN, AUNQUE NUESTRO VERDADERO PODER VIENE DE CÓMO PENSAMOS Y SENTIMOS SOBRE NOSOTROS MISMOS...

TU
ACTITUD
DETERMINA
TU
ALTITUD
DEJA
VOLAR
TU
IMAGINACIÓN

REFLEXIÓN:
¿NECESITAS ACTUALIZAR TU ACTITUD?

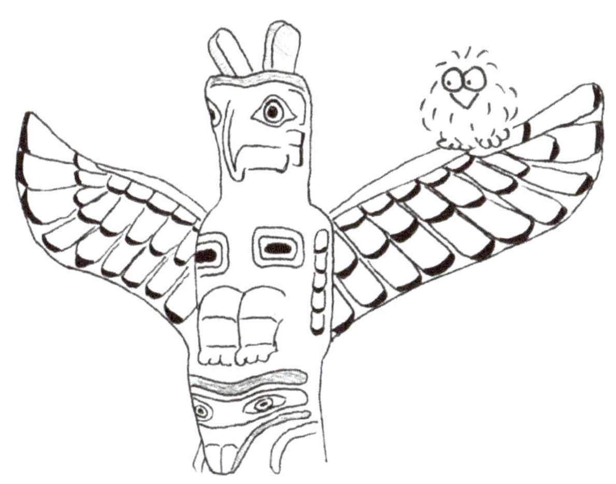

UN TÓTEM SUELE REPRESENTAR FUERZAS Y ATRIBUTOS ESPECIALES, Y AUNQUE SE SUELEN CREAR CON IMAGENES DE PÁJAROS Y ANIMALES, PUEDES COMPLETAR EL TUYO DIBUJANDO COSAS Y PALABRAS SIMBÓLICAS QUE TE ELEVAN EL ESPÍRITU.

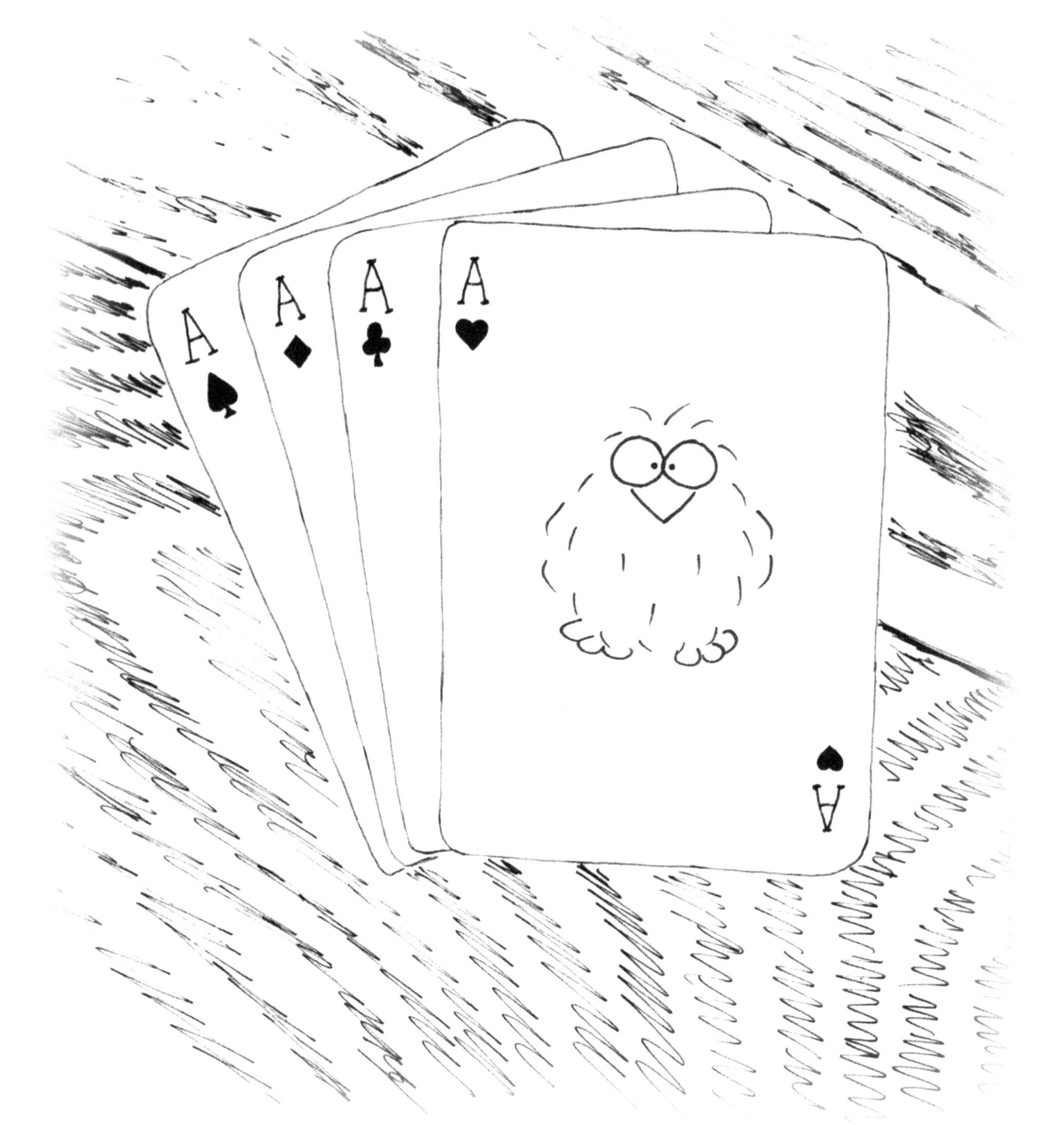

AHORA QUE TE ESTÁS ENFOCANDO EN SENTIRTE BIEN, ES IMPORTANTE RECORDAR LO SIGUIENTE:

SENTIRSE BIEN CONDUCE A LA CLARIDAD
LA CLARIDAD LLEVA A LA DECISIÓN
LA DECISIÓN IMPULSA LA ACCIÓN

PERO DONDE LA **VERDADERA MAGIA** SUCEDE ES EN LA CREENCIA, PORQUE...

CREER ES PONER DE TU CORAZÓN ES AMAR

ESTE ES EL **AS** QUE CADA UNO DE NOSOTROS NOS LLEVA EN EL **CORAZÓN** PORQUE...

CREER ES VER

QUE TUS SUEÑOS SE HACEN REALIDAD

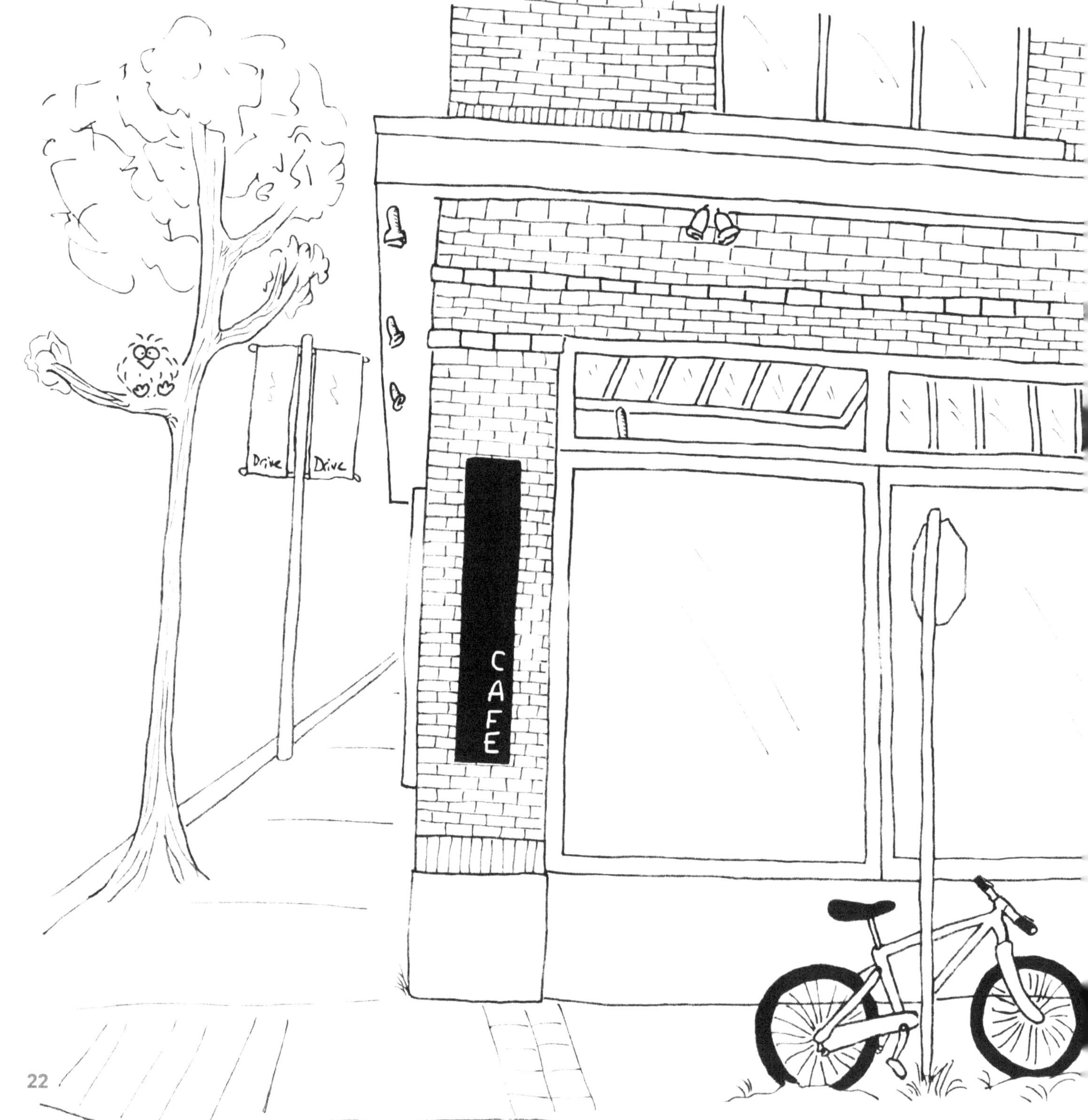
Drive
Drive
CAFE

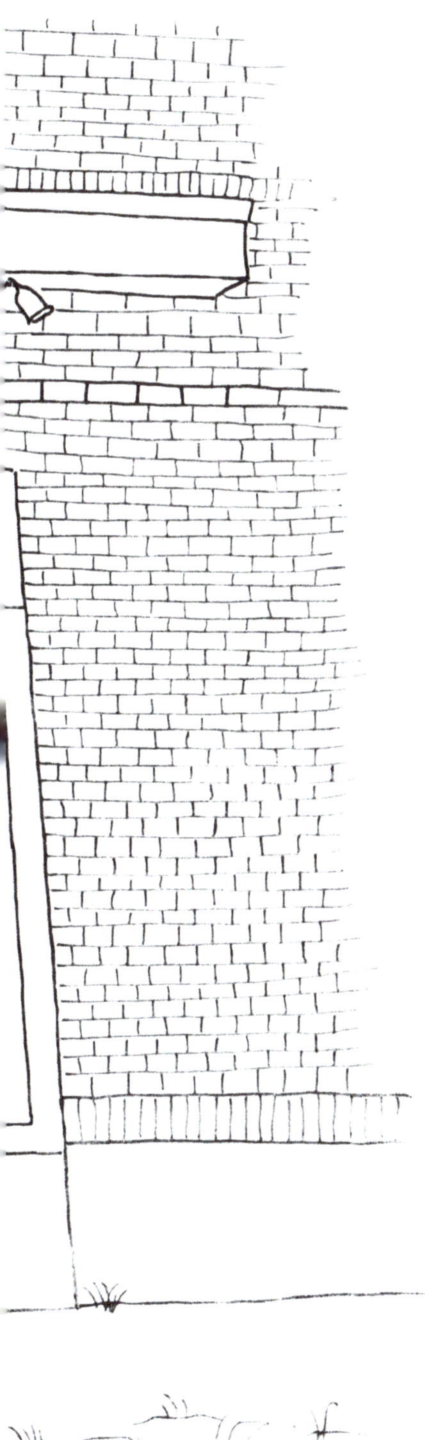

LA VIDA ES UN CICLO CONSTANTE DE CONCIENCIA PARA PODER REALIZAR TUS SUEÑOS

ESCUCHA A TU CORAZÓN Y SIGUE LAS SEÑALES CUANDO APAREZCAN

CUANDO NO TENGAS CLARO QUÉ DIRECCIÓN TOMAR...

¡VE EN LA DIRECCIÓN DE LO QUE TE LLENA DE ILUSIÓN Y LE HACE COSQUILLAS A TU INSPIRACIÓN!

ES UNA BUENA MANERA DE VIVIR CADA DÍA

NUESTRO PROPÓSITO MÁS PURO ES AMAR...

ASI QUE CUANDO UNES LO QUE AMAS CON LO QUE HACES ESTÁS VIVIENDO CON INTENCIÓN

Nuestro sentido del propósito viene de cómo vemos que podemos ayudar a nuestros semejantes con nuestros dones, habilidades, talentos y energía. Esto es lo que nos guía hacia nuestro Norte Verdadero y las cosas que podemos "hacer" para vivirlo. ¿Qué actividades te hacen sentir que estás viviendo con intención?

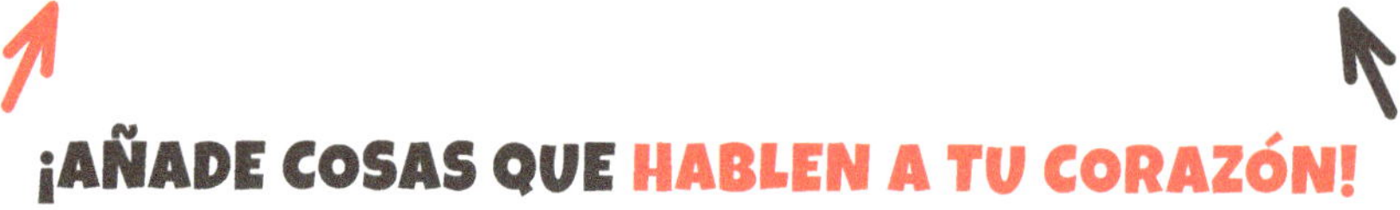

AHORA VAMOS A CALIBRAR TU BRÚJULA INTERIOR CON LOS 4 ELEMENTOS QUE TE MANTIENEN EN CURSO

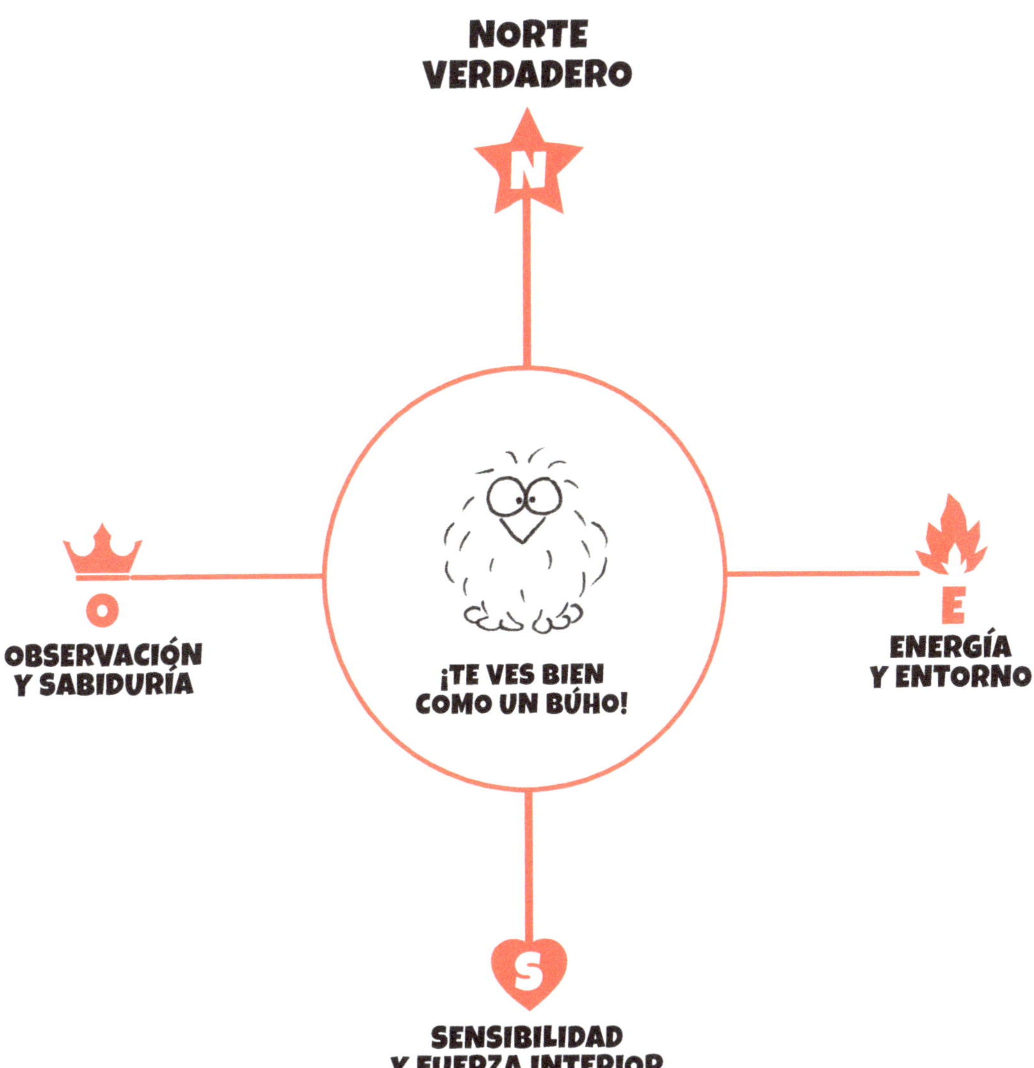

LOS EXPLORAREMOS EN LAS PRÓXIMAS PÁGINAS

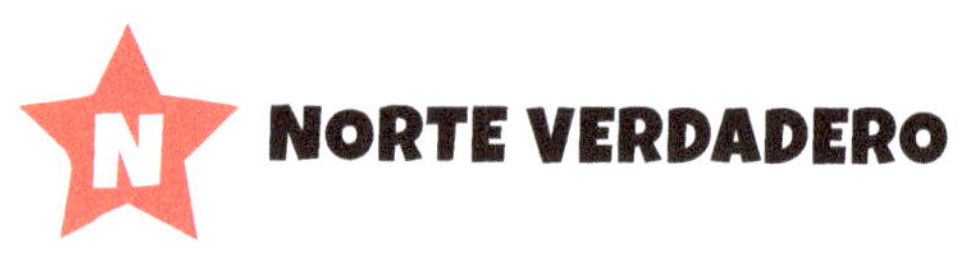

NORTE VERDADERO

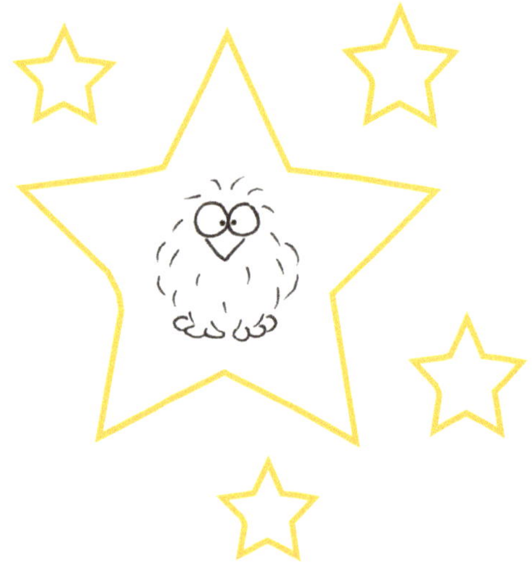

Así como una noche clara es clave para ver las estrellas y navegar por el océano, la claridad interior es clave para ver las señales alineadas a lo largo de tu camino y seguir tu Norte Verdadero. Reflexiona sobre esto...

¿QUÉ TE ATRAE?

¿TE ESTÁS MOVIENDO EN ESA DIRECCIÓN?

SI NO, ¿QUÉ TE ESTÁ FRENANDO Y CÓMO PODRÍAS DESPEJAR TU CAMINO?

PARECE QUE NIKI OWL NECESITA ALGO EN QUE POSARSE MIENTRAS EXPLORAS TU NORTE VERDADERO. ¿SE LO DIBUJAS? ¡PUEDE QUE TE DÉ IDEAS SOBRE TU DIRECCIÓN!

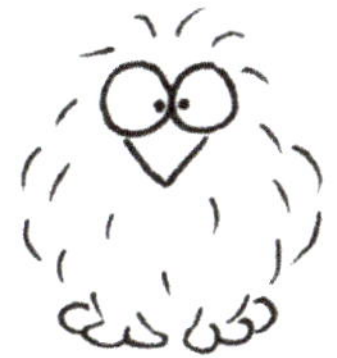

¡CONSEJO DE EXPLORADOR!

AL DIRIGIRTE HACIA TU NORTE VERDADERO, PIDE QUE SE TE REVELEN SEÑALES MUY CLARAS, Y ACTÚA SOBRE ELLAS SEGÚN TE VAYAN APARECIENDO...

HAY QUIEN PIENSA QUE LA SENSIBILIDAD ES UNA DEBILIDAD.
¡NO ES CIERTO!

TU SENSIBILIDAD ES UNA CUALIDAD EXCEPCIONAL QUE TE HACE SER QUIEN ERES, Y NUTRE TU FUERZA INTERIOR.

ESTA COMBINACIÓN TE AYUDA A AFRONTAR CUALQUIER RETO Y SUEÑO, Y CREAR GRANDES COSAS CON HUMILDAD Y ORGULLO SANO.

¿CUÁLES SON TUS SENSIBILIDADES?
(PIENSA EN LOS "TESOROS" QUE LLEVAS DENTRO)

¡También puedes preguntar a tus amigos, familiares y colegas qué ven en ti!

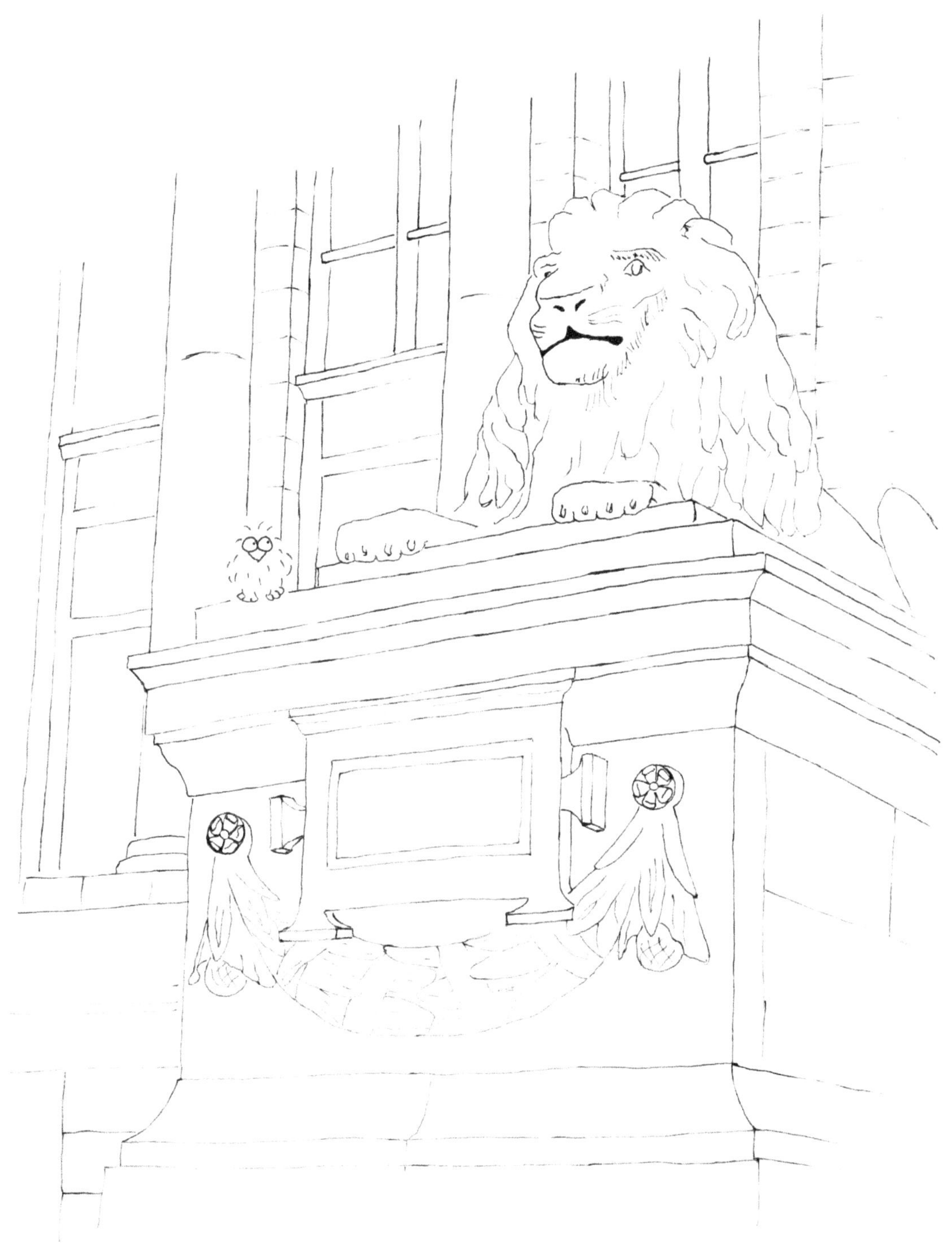

TU CORAZÓN ESTÁ LLENO DE SABIDURÍA

ESCUCHA LOS SUSURROS...
¿QUÉ TE ESTÁN DICIENDO?

CUANDO OBSERVAS LA VIDA CON
ASOMBRO Y **APRECIAS** LA
BELLEZA DE TU **MUNDO INTERIOR,**
LA VIDA TE VA DEJANDO CAER COSAS
MARAVILLOSAS EN TU CAMINO

COMO HOJAS BAILANDO CON EL VIENTO...

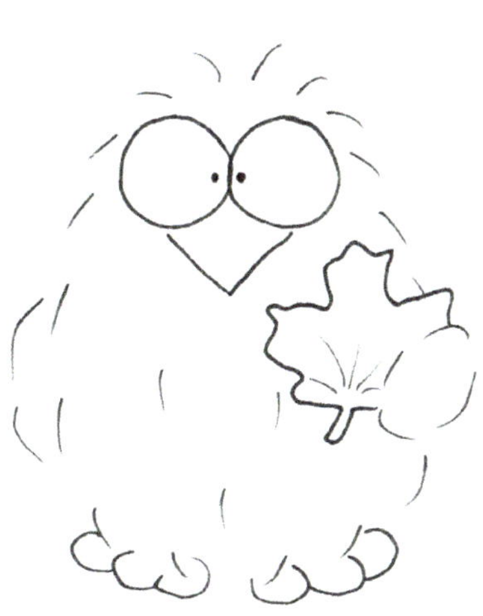

HABLANDO DE HOJAS,
ESTARÍA BIEN PONER MÁS AQUÍ,
O CUALQUIER OTRA COSA QUE SE TE ANTOJE.

¿CÓMO GESTIONAS TU EFICIENCIA ENERGÉTICA Y TU ENTORNO?

Cómo te sientes influirá cómo actúas. Crear sueños y vivir tu Norte Verdadero requieren atención y consistencia para avanzar, como cuando se aprende a tocar un instrumento. Primero necesitas asegurarte de tener energía para tus sueños, no solo las actividades básicas de la vida diaria.

¿Comes bien? ¿Duermes bien? ¿Dedicas tiempo y pensamientos para tus sueños y creatividad? ¿Tu entorno es propicio para que fluya tu energía creativa? ¿Qué pequeños ajustes puedes hacer en tu día a día para crear espacio para que tus sueños avancen? Apúntalos abajo y deja que tu intuición te guíe.

NOTA IMPORTANTE:
NUESTROS SUEÑOS COBRAN VIDA SEGÚN CÓMO GESTIONEMOS NUESTRO TIEMPO Y ENERGÍA

¡NOTICIA DE ÚLTIMA HORA!

Es fácil dejar que el ajetreo de la vida "controle" la forma en que gestionamos nuestro tiempo, pero la gestión del tiempo realmente es gestión energética (o emocional), ¡por lo que realmente podemos hacer que el tiempo funcione para nosotros!

Ya sabiendo eso, podremos organizar mejor nuestro tiempo para cumplir sueños y objetivos.

¿Piensas en tus sueños e ideas como algo que está flotando ahí en un futuro lejano y sin especificar, mientras te dices, "Algún día haré eso..."? ¡Cambiemos eso ahora!

"ALGÚN DÍA" NO ES UN DIA DE LA SEMANA

ESCRIBE ALGUNOS DE TUS SUEÑOS A CONTINUACIÓN Y PÓNLES UNA FECHA AL LADO (LA QUE SALTE A TU MENTE). ¡A VER QUÉ PASA!

ESTO NOS TRAE DE VUELTA A UTILIZAR TU IMAGINACIÓN PARA DAR VIDA A TUS SUEÑOS Y ASPIRACIONES

Para enfocar una meta y encaminar tu Norte Verdadero, vas a crear un Mapa de Sueños que te servirá de guía. Escribe algo que quieras crear dejándote guiar por tu intuición:

1. ACTIVA TUS SENTIDOS E IMAGINACIÓN

Vas a empezar con el fin en mente. Es decir, piensa en tu sueño (la estrella del Norte que ves en el mapa) como si ya se hubiera realizado. Métete en la experiencia:
¿Cómo te sientes? ¿Qué ves? ¿Qué oyes? ¿Quien está ahí contigo?

2. AHORA DESCUBRE TUS SUGUIENTES PASOS

Ahora, ve pensando hacia atrás mientras dejas que tu mente te revele los pasos o acciones clave que te llevarán de vuelta al presente (donde estás ahora en relación con tu sueño). Escribe y/o dibuja tu lista en el mapa, según cómo te salga.

Ejemplo: si quieres escribir un libro, piensa que ya se ha publicado ("Mi sueño realizado"). Antes habrás enviado el manuscrito a la editorial. Antes habrás completado el manuscrito. Antes habrás pensado qué vas a escribir. Y antes de eso, se te habrá iluminado el corazón con la idea de escribir un libro ("Donde estoy ahora"). ¿Ves cómo te ha guiado la mente hacia atrás, al presente? Ya tienes tu plan de acción básico. Ya con dar el primer paso hacia delante irás descubriendo otros detalles, pero al menos tienes dónde empezar y una ruta básica a seguir.

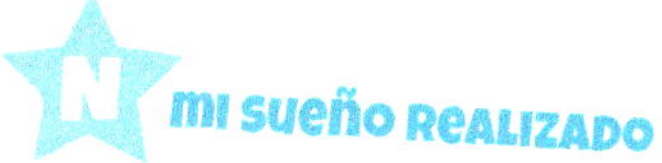

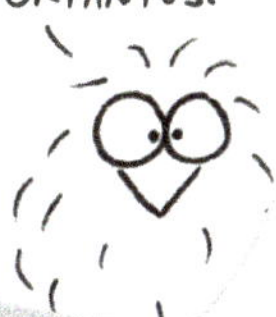

DONDE ESTOY AHORA

EN NIKIOWL.COM ENCONTRARÁS PÁGINAS PARA IMPRIMIR DE ESTE MAPA, PARA IR MATIZANDO OTROS SUEÑOS QUE TENGAS.

¡GENIAL!

AHORA QUE TIENES TU MAPA, ¿QUÉ TAL SI IMPLEMENTAS ALGUNAS ACCIONES DIARIAS PARA AVANZAR CON TU SUEÑO?

Los pasos pequeños suelen ser más fáciles de integrar en tu vida diaria. Te ayudarán a progresar sin abrumarte o posponer las cosas (que es como muchas personas se suelen estancar en cuanto a la realización de sus sueños).

ESO ES TODO POR AHORA, PERO RECUERDA... SIEMPRE PUEDES CONTAR CON NIKI OWL COMO TU FIEL COMPAÑERO DE AVENTURAS, AYUDÁNDOTE A CREAR TUS SUEÑOS Y SEGUIR TU NORTE

¡DIBÚJATE JUNTO A NIKI OWL!

HABLANDO DE AVENTURAS...

Si algún día te encuentras explorando la preciosa ciudad de Vancouver, aquí tienes una lista de los lugares y monumentos que acabas de ver en el libro:

Jericho Beach	p. 2-3
Lonsdale Quay, North Shore	p. 9
English Bay/Stanley Park	p. 11
Puente de Lynn Canyon, North Vancouver	p. 13
Reloj a Vapor de Gastown	p. 15
Tótem Kakaso'Las en Brockton Point, Stanley Park	p. 19
Cafetería en East 4th y Commercial Drive	p. 22-23
Vancouver Art Gallery	p. 29

¡Diviértete!

Y si a caso te llevas este libro, ¿por qué no te haces una foto posando con él en cualquiera de estos sitios? Etiqueta a Niki Owl en cualquiera de sus redes sociales (ver la página siguiente).

¿Te ha gustado este libro?

Descubre más libros, páginas para colorear, regalos y otras cosas divertidas en NikiOwl.com

Sigue a Niki Owl

Facebook.com/NikiOwl
Instagram: @NikiOwl
Twitter: @NikiOwl

Envía tus preguntas y notas de amor

Hello@NikiOwl.com (sí, los búhos pueden escribir correos electrónicos también)

Conoce a Karin Pinter

El amor de Karin por la escritura, el dibujo y la creatividad proviene de su infancia. Creó a Niki Owl durante su adolescencia como una forma de canalizar su imaginación y aportar felicidad a otros a través de un personaje ilustrado.

La primera novela ilustrada de Karin, "Niki Owl, Leap of Faith" (2012), cuenta la historia de cómo Niki Owl se va adaptando a una nueva vida en Canadá después de dejar su país de origen - España - en busca de aventura y crecimiento personal. Toca varios temas universales con los que nos encontramos todos cuando se nos presentan grandes cambios en la vida.

Este libro de Niki Owl fue creado para ayudar a las personas a ponerse en contacto con su niño interior, activar su imaginación y llevar la creatividad mental a sus vidas cotidianas para que puedan dar sus propios saltos de fe y realizar sus sueños a cualquier "edad".

Conecta con Karin

KarinPinter.com
Hello@KarinPinter.com
Facebook.com/KarinPinterOfficial
Instagram: @Karin.Pinter
Twitter: @KarinPinter

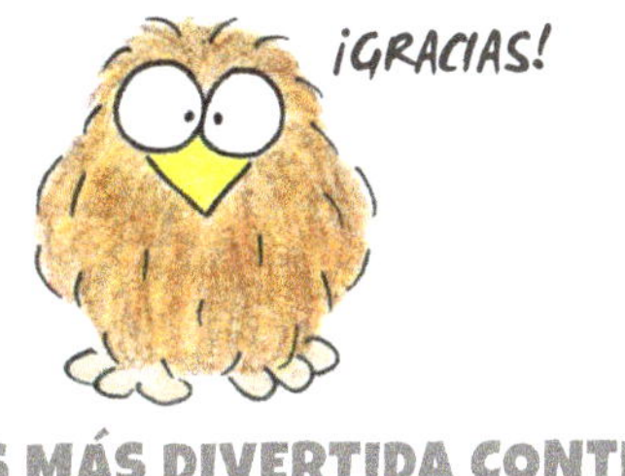

LA VIDA ES MÁS DIVERTIDA CONTIGO

www.ingramcontent.com/pod-product-compliance
Ingram Content Group UK Ltd.
Pitfield, Milton Keynes, MK11 3LW, UK
UKHW062003290726
14090UKWH00022B/1364